La Verdad no Divulgada: Tecnocracia 2030 – 2050

Fraudes con Vacunas, Ciberataques, Guerras Mundiales y Control de la Población; Expuesto!

Rebel Press Media

Descargo de responsabilidad

Este documento pretende proporcionar información exacta y fiable en relación con el tema y la cuestión tratados. La publicación se vende con la idea de que el editor no está obligado a prestar servicios contables, oficialmente permitidos o de otro tipo, calificados. En caso de que sea necesario un asesoramiento, legal o profesional, se debe solicitar a una persona con experiencia en la profesión - de una Declaración de Principios que fue aceptada y aprobada igualmente por un Comité de la Asociación de Abogados de Estados Unidos y un Comité de los Editores y Asociaciones.

En ningún caso es legal la reproducción, duplicación o transmisión de cualquier parte de este documento, ya sea por medios electrónicos o en formato impreso. La grabación de esta publicación está estrictamente prohibida y no se permite el almacenamiento de este documento a menos que se cuente con la autorización por escrito del editor. Todos los derechos reservados.

La presentación de la información es sin contrato ni ningún tipo de garantía. Las marcas comerciales que se utilizan son sin ningún tipo de consentimiento, y la publicación de la marca comercial es sin el permiso o el respaldo del propietario de la marca. Todas las marcas comerciales y marcas dentro de este libro son sólo para fines de aclaración y son propiedad de los propios propietarios, no afiliados a este documento. No fomentamos ningún tipo de abuso de sustancias y no nos hacemos responsables de la participación en actividades ilegales.

Nuestros otros libros

Consulte nuestros otros libros para ver otras noticias no divulgadas, hechos expuestos y verdades desacreditadas, y mucho más.

Únase al exclusivo Círculo de Medios de Comunicación de Rebel Press.

Todos los viernes recibirás en tu bandeja de entrada nuevas actualizaciones sobre la realidad no denunciada.

Inscríbase hoy aquí:

https://campsite.bio/rebelpressmedia

Introducción

Lo que ya advertían los científicos independientes se ha confirmado ahora: las personas vacunadas son mucho más susceptibles a algunas mutaciones de la corona. Un estudio de la Universidad de Tel Aviv muestra que las personas que se han inyectado la vacuna de Pfizer -la más utilizada con diferencia en Europa- tienen una probabilidad 8 veces mayor de contraer la variante sudafricana del virus de la corona. El "lo hacemos todo por el cuidado" puede tener ahora exactamente el efecto contrario, ya que cada vez más personas vacunadas tendrán que ser hospitalizadas.

En Israel, país líder en vacunas, la variante sudafricana B.1.351 del coronavirus se encuentra hasta en el 5,4% de las personas vacunadas por Pfizer. En las personas no vacunadas, sólo es del 0,7%. Esto significa que esta variante es capaz de traspasar en cierta medida la protección de la vacuna", comentó Adi Stern, de la universidad.

Pues bien, existe una explicación mucho más lógica sobre la que ya han advertido numerosos expertos, a saber, que la vacuna acaba con la resistencia natural a las mutaciones del virus. Las investigaciones apuntan al riesgo de que sean precisamente las vacunas las que puedan causar mutaciones mortales del virus de la corona.

Sorprendido por el resultado", pero ¿por qué?

Stern admitió que el equipo científico estaba
"sorprendido" por el resultado. De las 400 personas
estudiadas, sólo esperaban un caso de la variante
sudafricana, y no ocho. Por supuesto, no me alegré de
ello".

Sin embargo, es una variante que se da con poca
frecuencia (el 1% de todos los supuestos casos de
Covid), aunque esto podría cambiar precisamente por la
vacuna. Al fin y al cabo: esta mutación apenas se
encuentra en personas no vacunadas, lo que significa
que el sistema inmunitario natural es mucho más capaz
de combatir este (supuesto) virus. Así que, sin las
vacunas, esta inofensiva mutación no habría tenido
ninguna oportunidad.

Investigadores universitarios franceses observaron a
finales de febrero y principios de marzo que la vacuna
de Pfizer estaba provocando una mortalidad en Israel
en todos los grupos de edad entre decenas y cientos de
veces superior. Los científicos estaban tan sorprendidos
que hablaron literalmente de "un nuevo Holocausto".

A pesar de ello, las personas no vacunadas en Israel, y
pronto en toda Europa, son discriminadas y castigadas
con la exclusión parcial de la sociedad. Como ya hemos
escrito muchas veces, esto también forma parte de la
inversión de todos los valores, normas, humanidad y
lógica (luz=oscuridad, oscuridad=luz), tan típica de una

civilización en decadencia moral y mental que se precipita claramente cada vez más rápido hacia el abismo.

Índice de contenidos

Capítulo 1: Preparar la máquina

Rusia está ocupada defendiéndose a sí misma y/o a la población rusa en Ucrania en caso de ataque. Por ello, se desplegaron estos misiles hipersónicos Iskander.

El alcalde de la ciudad rusa de Cherepovets (de más de 311.000 habitantes) ha promulgado una ordenanza para designar los lugares donde deben ser enterradas las víctimas "urgentes" en tiempos de guerra. La ciudad está a unos 375 kilómetros de Moscú, a 800 kilómetros de la frontera con Ucrania y a unos 600 kilómetros de los países de la OTAN, Estonia y Letonia. ¿Por qué una ciudad situada en lo más profundo de Rusia adoptaría una medida semejante, si no es para sugerir que el Kremlin se está preparando seriamente para tener que librar una guerra (mundial) con Occidente? Rusia también ha advertido que destruirá dos barcos navales estadounidenses en el Mar Negro si esos barcos son utilizados en cualquier ataque militar contra Ucrania.

La resolución nº 1482, aprobada el 5 de abril, trata de "la organización del entierro urgente de cadáveres en tiempos de guerra" en la ciudad de Cherepovets. El MKU (Centro de Protección de la Población y los Territorios en Situaciones de Emergencia) se encarga de designar, en colaboración con el gobierno federal, los lugares "donde se han encontrado cadáveres, y de identificar y documentar a los fallecidos en tiempos de guerra". También procura "recursos materiales y técnicos" para "el entierro urgente de los cadáveres y la descontaminación".

Los buques de la armada estadounidense pueden ser destruidos

Esta ordenanza en una ciudad tan profunda en Rusia sólo puede significar que el país está considerando seriamente convertirse en el objetivo de ataques masivos con misiles, no sólo desde Ucrania, sino también desde el territorio, los aviones y los barcos de la OTAN.

Por ejemplo, dos destructores estadounidenses ya están navegando en el Mar Negro. Dmitry Peskov, secretario de prensa del Kremlin, hizo una seria advertencia al respecto: "Si los misiles de crucero de estos destructores se utilizan contra el territorio de las repúblicas de Donetsk y Luhansk, estos buques de guerra estadounidenses pueden ser destruidos. Rusia defenderá así a los ciudadanos rusos".

Merkel no permite a Rusia responder a las provocaciones militares

Funcionarios de la OTAN y políticos occidentales como Angela Merkel han ordenado a Rusia que retire sus tropas -que ya son 28 batallones- de la frontera con Ucrania. Se les ha olvidado por completo a los arrogantes líderes occidentales prohibir a un país que históricamente cuenta con el ejército más decidido del mundo que mueva tropas en su propio territorio en respuesta a los 110.000 soldados que Ucrania ha acumulado cerca de las ciudades de habla rusa de Luhansk y Donetsk?

Es Ucrania la que cortó el suministro de agua (potable) a Crimea después de que casi el 97% de la población decidiera en un referéndum declarado válido y justo por la OSCE volver a la patria Rusia. Si el régimen de Kiev deja de bombardear Luhansk y Donetsk, retira sus tropas y elimina la presa "temporal" en el Dniéper que permite que el agua dulce vuelva a fluir a la población rusa, la cuestión puede resolverse de forma diplomática y pacífica.

Pero si el país quiere necesariamente la guerra, entonces el país tendrá la guerra. Sólo que NO sea con nuestro apoyo. Estados Unidos y la OTAN deberían mantenerse al margen. Sin embargo, no hay ninguna posibilidad de que eso ocurra, ya que el "presidente de la guerra" Biden ya ha prometido su apoyo incondicional a Ucrania si estalla un conflicto armado.

Por otra parte, incluso los aliados saben que las promesas de Washington son nulas desde hace mucho tiempo. Estados Unidos, como un imperio totalmente desquiciado, está imponiendo su voluntad al resto del mundo con un chantaje descarado y amenazas tanto económicas como militares.

¿Por qué apoya Occidente a un régimen neonazi belicista?

El presidente ucraniano y títere de Occidente, Zelensky, firmó recientemente un documento en el que declaraba que Crimea debía ser conquistada a Rusia. Esto no fue más que una declaración de guerra por parte de un régimen, algunas de cuyas tropas usarían abiertamente banderas nazis en algunos lugares.

El mensaje no puede ser más claro: Estados Unidos apoyará militarmente a Ucrania en caso de guerra. ¿Es muy extraño que en Rusia se vuelva a asociar a Occidente con los nazis, por quienes fueron traicionados en su momento, y posteriormente murieron 20 millones de rusos durante la Segunda Guerra Mundial?

En cualquier caso, las tensiones con la OTAN están aumentando. Según informes no confirmados, las tropas fronterizas polacas y bielorrusas se enfrentaron recientemente. En las últimas semanas ya se han producido varios intercambios de insultos.

Mientras tanto, el ejército ruso ha instalado un enorme campamento militar con un hospital de campaña a unos 250 kilómetros de la frontera con Ucrania. Y lo que es más importante, se han desplegado misiles hipersónicos Iskander, capaces de llevar tanto una ojiva convencional como una nuclear. Contra estos misiles de corto alcance (500 km.) no hay defensa posible, pues vuelan demasiado rápido (hasta 2,6 km. por segundo). Además, los proyectiles pueden cambiar de rumbo durante su vuelo y esquivar los misiles de defensa.

Los analistas temen que pueda estallar una guerra "caliente" ya en mayo. Hasta entonces, los políticos europeos deberían hacer todo lo posible para disuadir a Ucrania y a Estados Unidos de nuevas provocaciones, y reanudar las conversaciones con Rusia. Por desgracia, "nuestros" dirigentes están demasiado ocupados librando su propia guerra contra la libertad, la autodeterminación, el bienestar y la salud de su propio pueblo.

Capítulo 2: Mantener a los animales enjaulados

Después de la máscara inteligente, ¿la marca inteligente? Con la "programación predictiva", a los niños se les ha lavado el cerebro durante años con la idea de que pronto todo el mundo tendrá que tener una marca en su mano/brazo.

Además de que una parte de Occidente se prepara para una nueva guerra, se mantiene a la población bajo control con medidas relativas al virus de la corona. La posibilidad de encasillar a la población y asegurar que seamos diezmados gradualmente se está abordando de manera cada vez más creativa. El Foro Económico Mundial anuncia el siguiente paso hacia la subordinación total y la esclavitud tecnocrática: "máscaras inteligentes", que te indican cuándo puedes respirar libremente, si el nivel de CO_2 detrás de la máscara no es demasiado alto, e incluso si estás usando la máscara correctamente. Este plan demencial, que sin duda será "voluntario" al principio, pero que luego será obligatorio de todos modos, subraya lo totalitaria, antihumana y opresiva que se está volviendo la dictadura global que se está imponiendo a toda la población mundial.

Con una tasa de mortalidad del 0,037% establecida en las estadísticas oficiales, la "corona" es un virus respiratorio común mortal del que el mundo ha tenido cientos, y del que el 99% de la gente sufre pocos o ningún efecto negativo. Como hemos estado escribiendo y demostrando durante más de un año, esta crisis no tiene que ver con un virus o con la salud pública en absoluto, sino con nuestro sometimiento a una dictadura tecnocrática global climática-vacuna.

Las mascarillas son el símbolo de la sumisión total y la inanidad.

Uno de los símbolos más importantes de la sumisión sin voluntad es la mascarilla bucal, que se ha demostrado que no sirve para nada e incluso puede ser muy perjudicial, lo que también fue reconocido abiertamente por los políticos y expertos durante meses, pero que luego simplemente se hizo obligatoria de todos modos.

El hecho de que casi la totalidad de la población se tragara esta medida totalmente idiota sin oposición ni crítica fue para los planificadores nacionales e internacionales del "Gran Reajuste", la "Cuarta Revolución Industrial" y la "Agenda 2030" la confirmación final de que ya podían hacer lo que quisieran, porque la capacidad de pensar de la mayoría de los ciudadanos parecía haberse hundido muy por debajo del nivel crítico de la inanidad absoluta con la ayuda de los medios de comunicación y el entretenimiento plano.

Bienvenido a este preescolar global

Esta mascarilla inteligente te dice cuándo hay que lavarla", comienza el vídeo promocional de la FEM sobre el pañal oral de BreathTech.

Y si lo llevas puesto correctamente. Mide tu frecuencia respiratoria y, si se ha acumulado demasiado CO2 en él, te dice que respires un poco de aire fresco". Pues bien, como las investigaciones han demostrado que los niveles de CO2 aumentan hasta 1.000 veces después de unos pocos minutos, eso significa que tienes que quitarte y ponerte el protector bucal cada pocos minutos a lo largo del día. Por supuesto, eso nunca va a suceder.

'Y si te olvidas de ponerlo, se activa una alarma'. ¿Cómo es posible? Porque, por supuesto, la mascarilla inteligente tiene que estar vinculada a tu smartphone, que a su vez pasa a formar parte de la "red inteligente" 4G/5G que se está construyendo desde hace años, y que te permitirá ser rastreado, monitorizado, instruido y corregido 24/7/365. En el momento en que te pongas la boquilla entonces, el smartphone mostrará un símbolo verde con la palabra "bueno". (Bienvenido a esta clase de jardín de infancia global).

El tapón BreathTech S3, como casi todo en la actualidad, se promociona como supuestamente "sostenible" y mejor para el medio ambiente. El fabricante señala que la humanidad gastó 166.000

millones de dólares en protectores bucales el año pasado, que acabaron en los vertederos. Por supuesto, esto podría haberse evitado fácilmente simplemente no importándolos. Por último, se ha demostrado que la "corona" en los países y estados que no introdujeron, o eliminaron, los requisitos de los protectores bucales hace que haya muchos menos (supuestos) enfermos y muertos.

¿Cuál es su idea para resolver los mayores problemas del mundo?

"¿Cuáles son sus ideas para resolver los mayores problemas del mundo?", termina el vídeo. Pues bien, en lo que a mí respecta, no puede haber ningún malentendido: si la humanidad todavía quiere tener un futuro libre, o un futuro en absoluto, entonces, en primer lugar, el FEM junto con la Fundación Gates deberían ser inmediatamente señalados y prohibidos como la mayor amenaza posible, y sus líderes procesados en un nuevo tribunal de Nuremberg por graves crímenes contra la humanidad.

De no ser así, la máscara inteligente bien podría ser sucedida por la marca inteligente, que podría consistir en un tatuaje bajo la piel, escaneable externamente, y/o vacunas con nanobiosensores que no sólo demuestren que has sido vacunado, sino que también contengan todos tus datos personales, convirtiéndose simultáneamente en tu tarjeta de identidad y de débito.

Este sistema de 'marca de la bestia' a través de las vacunas -que Netflix mostró ya en 2017 en el dibujo animado infantil 'Stretch Armstrong & The Flex Fighters'- lo describimos por primera vez en 2009 y ahora está a punto de implantarse a nivel mundial con medidas cada vez más contundentes.

Capítulo 3: El fraude del ARN

CDC demandado por fraude masivo: Las pruebas realizadas en 7 universidades a TODAS las personas examinadas demostraron que no tenían Covid, sino sólo Gripe A o B - Estadísticas del RIVM y de la UE: "Corona" prácticamente desapareció, incluso bajo mortalidad.

Un científico clínico e inmunólogo-virologo de un laboratorio del sur de California dice que él y sus colegas de 7 universidades están demandando al CDC por fraude masivo. El motivo: en ninguna de las 1500 muestras de personas que dieron "positivo" se encontró el Covid-19. Simplemente se encontró que TODAS las personas tenían Gripe A, y en menor medida Gripe B. Esto es consistente con los hallazgos anteriores de otros científicos, de los que hemos informado varias veces.

Dr. Derek Knauss: "Cuando mi equipo de laboratorio y yo sometimos las 1500 muestras supuestamente positivas de Covid-19 a los postulados de Koch y las pusimos bajo un SEM (microscopio electrónico), NO encontramos Covid en las 1500 muestras. Encontramos que las 1500 muestras eran principalmente de Gripe A, y algunas de Gripe B, pero ningún caso de Covid. No utilizamos las inútiles pruebas de PCR".
El Covid no ha sido descubierto ni una sola vez en 7 universidades en los últimos tiempos

'Cuando enviamos el resto de las muestras a Stanford, Cornell y un par de laboratorios de la Universidad de

California, obtuvieron el mismo resultado: NO COVID. Encontraron Influenza A y B. Entonces todos pedimos al CDC muestras viables de Covid. El CDC dijo que no podían darlas, porque no tenían esas muestras".

'Así que llegamos a la dura conclusión, a través de toda nuestra investigación y trabajo de laboratorio, de que el Covid-19 era imaginario y ficticio. La gripe sólo se llamaba 'Covid', y la mayoría de las 225.000 muertes fueron por comorbilidades como enfermedades cardíacas, cáncer, diabetes, enfisema pulmonar, etc... Se contagiaron de la gripe, lo que debilitó aún más sus sistemas inmunitarios, y murieron".

Este virus es ficticio

'Todavía tengo que encontrar una muestra viable con Covid-19 para trabajar. Nosotros, que realizamos la prueba de laboratorio con estas 1.500 muestras en las 7 universidades, estamos ahora demandando al CDC por el fraude del Covid-19. El CDC todavía no nos ha enviado una muestra viable, aislada y purificada de Covid-19. Si no pueden o no quieren, entonces digo que no hay Covid-19. Es ficticio".

Los cuatro trabajos de investigación que describen los extractos del genoma del virus Covid-19 nunca consiguieron aislar y purificar las muestras. Los cuatro trabajos describen sólo pequeños trozos de ARN de sólo 37 a 40 pares de bases. Eso NO es un VIRUS. Un genoma viral normalmente tiene entre 30.000 y 40.000 pares de bases".

Ahora que el Covid-19 es supuestamente tan malo en todas partes, ¿cómo es que ningún laboratorio del mundo ha aislado y purificado completamente este virus? Eso es porque nunca encontraron realmente el virus. Todo lo que descubrieron fueron pequeños trozos de ARN que no fueron identificados como el virus de todos modos. Por lo tanto, lo que estamos tratando es simplemente otra cepa de gripe, como todos los años. El Covid-19 no existe y es ficticio".

'Creo que China y los globalistas han montado este bulo de Covid (la gripe disfrazada de nuevo virus) para establecer una tiranía global y un estado policial de control totalitario. Esta intriga incluía (también) un fraude electoral masivo para derrocar a Trump.'

'La detección de ARN viral no puede demostrar la presencia de un virus infeccioso, ni que el 2019-nCoV sea el agente causante de los síntomas clínicos'. Y además: 'Esta prueba no puede descartar otras enfermedades causadas por otros patógenos bacterianos o virales.'

En otras palabras, no podemos demostrar que las personas que enferman y son hospitalizadas, y que muy ocasionalmente mueren, hayan enfermado a causa de un nuevo coronavirus llamado SARS-CoV-2, ni tampoco podemos demostrar que éste les haya hecho desarrollar

19

una nueva enfermedad llamada "Covid-19". Podría tratarse de un virus diferente y de una enfermedad diferente. (Y dado que todos los síntomas, incluida la neumonía grave, son perfectamente similares a los que la gripe puede causar históricamente en personas vulnerables... "si parece un pato y camina como un pato, es un pato".

Recompensa de 225.000 euros por demostrar el coronavirus

A principios de este año, el equipo alemán de Samuel Eckert y el Fondo de la Verdad del Aislamiento ofrecieron una recompensa de al menos 225.000 euros para cualquier científico que pueda aportar pruebas irrefutables de que el virus del SARS-CoV-2 ha sido aislado y, por tanto, existe. También señalaron que ningún laboratorio del mundo ha podido aislar todavía este virus corona.

Sí, los científicos de sistemas afirman que lo han hecho, pero este "aislamiento" consiste únicamente en una muestra del cuerpo humano, que es una "sopa" llena de diferentes tipos de células, restos de virus, bacterias, etc. Con la ayuda de productos químicos (tóxicos) se buscan entonces algunas partículas (residuales) que puedan indicar que un virus existió o puede seguir existiendo, tras lo cual esto se designa como "evidencia".

El equipo canadiense tampoco encontró pruebas a pesar de las 40 solicitudes de WOB

A finales de diciembre de 2020, prestamos atención a una iniciativa similar a la de Alemania. Un equipo en torno a la periodista de investigación canadiense Christine Massey presentó a las autoridades médicas de todo el mundo no menos de 40 solicitudes de WOB en las que se pedía simplemente una prueba de que el virus del SARS-CoV-2 había sido aislado y, por lo tanto, su existencia podía demostrarse objetivamente. Ni uno solo de los organismos y autoridades a los que se escribió fue capaz de proporcionar esas pruebas.

Imposible demostrar que el SARS-CoV-2 causa una enfermedad llamada Covid-19".

El Dr. Tom Cowan, el Dr. Andrew Kaufman y Sally Fallon Morell publicaron recientemente una declaración sobre "la continua controversia sobre si el virus del SARS-CoV-2 está aislado o purificado". Pero basándose en la definición oficial de Oxford de "aislamiento" ("el hecho o la condición de estar aislado o recluido, una separación de otras cosas o personas, estar solo"), el sentido común, las leyes de la lógica y las reglas de la ciencia dictan que cualquier persona imparcial debe llegar a la conclusión de que el virus SARS-CoV-2 nunca ha sido aislado o purificado. En consecuencia, no se puede confirmar la existencia del virus".

Las implicaciones lógicas y científicas de este hecho son
que no se puede conocer la estructura y la composición
de algo cuya existencia no se puede demostrar,
incluyendo la presencia, la estructura y la función de
una hipotética espiga u otras proteínas. No se puede
conocer la secuencia genética de algo que nunca se ha
encontrado, ni las "variantes" (mutaciones) de algo cuya
existencia no se ha demostrado. Por lo tanto, es
imposible demostrar que el SARS-CoV-2 causa una
enfermedad llamada Covid-19".

Prueba combinada de PCR para la corona y la gripe "porque apenas hay diferencia

La mayor empresa de biotecnología del mundo, la china
BGI, ha presentado recientemente una nueva prueba
PCR que puede detectar simultáneamente la gripe A, B
y corona.

Aparte del hecho comprobado de que una prueba de
PCR no puede demostrar la infección por ningún virus,
la explicación de BGI de que ambas enfermedades son
tan difíciles de distinguir entre sí y que, por lo tanto,
sólo han hecho una prueba, dice más que suficiente.
¿Quizás no hay ninguna diferencia, el "Covid" es sólo
otro nombre para los "viejos y conocidos" virus de la
gripe, y esto es sólo otro inteligente truco de
marketing?

Gracias a la propaganda del miedo, autorizada por el
gobierno y difundida las 24 horas del día por los medios

de comunicación, la mayoría de la gente ha llegado a creer que existe un virus que pone en peligro la vida de las personas y que enferma mucho más rápido y más gravemente que la gripe estacional. Sin embargo, está demostrado que esto último no es así. La gripe A ha sido la principal causa de muerte por neumonía en el mundo desarrollado durante años.

Pero envíe a las personas designadas como pacientes graves de Covid a unas cuantas UCI del país, póngales cámaras constantemente, instruya a unos cuantos médicos para que sólo hablen de los peores casos y tendrá su "pandemia televisada". El argumento de que "lo hacemos porque de lo contrario se sobrecargaría la atención" fue socavado por el propio gobierno hace algún tiempo al rechazar una oferta de 400 camas de UCI más personal porque "no es necesario". (¿Acaso fue la primera y única vez que se dijo la verdad?)

No hay que preocuparse por nada más (pero nunca vuelve a la normalidad)

Ahora que también las cifras oficiales del RIVM muestran que después del tradicional pico normal de invierno no pasa nada, y según las estadísticas de la UE (EuroMOMO) hay incluso un importante subdesarrollo, la sociedad -si realmente se tratara de un virus y de la salud pública- debería volver inmediatamente a la normalidad para empezar a reparar el enorme daño causado por las políticas gubernamentales.

Sin embargo, como usted sabe, eso nunca se hará, y eso es porque este engaño pandémico cuidadosamente planificado está llevando a cabo una agenda ideológica, el "Gran Reset", que tiene como objetivo demoler en gran medida la sociedad y la economía de Occidente, y luego someterlo a una dictadura tecnocrática comunista global de vacunas climáticas, en la que todas nuestras libertades, derechos civiles y de autodeterminación serán eliminados de una vez por todas.

Capítulo 4: ¿Ocultación descarada?

El 85% de todas las personas que murieron (supuestamente) de Covid-19 podrían estar vivas hoy si la política y los medios de comunicación no hubieran hecho todo lo posible para suprimir los medicamentos existentes. Esto no lo dice cualquiera, sino uno de los mejores médicos del mundo, el profesor Dr. Peter McCullough, que es el experto más publicado en su campo. McCullough señaló estos impactantes hechos en una declaración ante el Comité de Salud Pública y Servicios Humanos de la Asamblea del Estado de Texas. En nuestra opinión, la retención deliberada de medicamentos seguros y de eficacia probada equivale a un grave crimen contra la humanidad, y de hecho equivale a una forma indirecta de genocidio.

McCullough es internista, cardiólogo y profesor de medicina en el Centro de Ciencias de la Salud de la Universidad A&M de Texas. Es el experto en su campo que más ha publicado en la historia, así como editor de dos importantes revistas médicas.

Absolutamente aturdido" de que se niegue a los ciudadanos los tratamientos de trabajo

Dijo que estaba "absolutamente asombrado" por el hecho de que ninguno de los 50.000 artículos revisados por expertos sobre el Covid-19 mencionara un tratamiento (aparte de las vacunas). Junto con un equipo de expertos, llevó a cabo un estudio de este tipo, y posteriormente dio con un excelente tratamiento, que se publicó en la prestigiosa revista American Journal of Medicine. También grabaron un vídeo en YouTube, que se hizo inmediatamente viral, hasta que YouTube lo bloqueó en una semana.

Es increíble lo que se ha hecho", continuó el profesor. ¿Cuántos de ustedes han escuchado alguna vez en la televisión o en la radio que el tratamiento en casa es posible? ¿Ni siquiera una palabra sobre lo que hay que hacer (con la medicación) si te diagnostican Covid-19? Esto es un fracaso total y absoluto en todos los ámbitos! ¿Por qué no hay un panel de médicos para evitar el mayor número posible de hospitalizaciones? ¿Por qué no hay informes de pacientes tratados que no hayan tenido que ir al hospital como resultado? Es una parodia total que no se trate una enfermedad mortal". Por ello, pidió que a partir de ahora cada resultado de una prueba vaya acompañado de una recomendación de tratamiento como norma.

Los países que sí permitieron la medicación sólo tuvieron entre el 1% y el 10% del número de muertes

El profesor señaló que los países fuera de Occidente que sí permitían estos fármacos (como el protocolo HCQ/zinc, la quercetina, la ivermectina) tenían proporcionalmente sólo entre el 1% y el 10% de las muertes del 'Primer Mundo'. Pero, ¿cuándo fue la última vez que encendiste las noticias y obtuviste una actualización sobre esto? ¿Cuándo te pusiste al día sobre cómo el resto del mundo está lidiando con el Covid?'

Al igual que en Europa, en los EE.UU. sólo hay un puñado de los mismos médicos y "expertos" que pintan siempre en la televisión la misma imagen extremadamente unilateral, distorsionada y engañosa, diseñada para mantener a toda la población en un estado de miedo mortal (y, por tanto, de obediencia absoluta a la mayoría de las medidas absurdas). Ninguno de estos médicos y expertos menciona jamás que los pacientes de Covid pueden ser tratados y curados de forma fácil, rápida y muy segura con la medicación existente.

80% de inmunidad de grupo, las vacunaciones masivas son totalmente innecesarias

Se calcula que Texas, donde el 1 de marzo se levantaron casi todas las medidas contra la corona y la vida ha vuelto casi a la normalidad -y la corona también ha desaparecido casi por completo-, tiene ahora un 80% de inmunidad de grupo. Las personas que reciben Covid y acumulan anticuerpos contra él, "tienen una inmunidad completa y a largo plazo. Eso no se puede superar. No se puede mejorar con vacunas. No hay argumentos científicos, clínicos o de seguridad para vacunar o probar a un paciente recuperado de Covid".

Durante las fases de prueba de la vacuna el año pasado, sólo menos del 1% del grupo placebo recibió realmente

Covid-19, reitera McCullough basándose en los informes oficiales. Pero la vacuna va a tener un impacto de al menos el 1% en la salud pública. Eso es lo que dicen los datos. La vacuna no nos va a salvar, y ya tenemos un 80% de inmunidad de grupo'.

En su opinión, las vacunas sólo deberían administrarse estratégicamente a unos pocos grupos vulnerables. Sin embargo, las personas de hasta 50 años con una salud razonable definitivamente no necesitan vacunarse. No hay ningún argumento científico para ello". Una de las mayores falacias de la vacunación es el llamado "contagio asintomático". Quiero ser muy claro al respecto: apenas existe tal cosa, si es que existe. Un enfermo lo transmite a otro enfermo. Los chinos publicaron un estudio ... a 11 millones de personas. Trataban de encontrar pruebas de contagio asintomático. No existe. Es una de las piezas más importantes de desinformación.

"El 85% de las muertes y hospitalizaciones podrían haberse evitado fácilmente

El profesor destacó que la supresión de información sobre tratamientos eficaces y seguros ha sido enormemente perjudicial. Dos estudios "muy amplios" han demostrado que "si los médicos tratan a tiempo a sus pacientes de más de 50 años con problemas médicos con un protocolo de varios fármacos... hay un 85% menos de hospitalizaciones y muertes".

'Tenemos más de 500.000 muertes en los Estados Unidos. Podríamos haber evitado el 85% (425.000) de ellas si nuestra respuesta a la pandemia se hubiera centrado en el problema que tenemos delante de nuestros ojos: el paciente enfermo".

El profesor francés Christian Perronne, con una trayectoria impresionante, publicó el año pasado su libro con el revelador título "¿Hay algún error que no hayan cometido? - Covid-19: La sagrada unión de la incompetencia y la arrogancia". Según él, si los pacientes de la corona hubieran sido tratados desde el principio (sobre todo de forma preventiva) con zinc, hidroxicloroquina/quercetina, vitaminas C y D, y azitromicina, apenas habría habido muertos, y 25.000 franceses (el 80% de los muertos de entonces) seguirían vivos hoy.

Sólo sería su hijo, (abuelo), pareja, amigo o colega el que ha sido puesto en la lista de víctimas de un grave crimen contra la humanidad de esta manera vergonzosa, de un genocidio indirecto incluso, sacrificado en el altar de la ideología transhumana de que todo el mundo debe ser inyectado con estas "vacunas" manipuladoras de genes sin importar qué, y ningún otro medio debe poner en peligro esa pérfida intención.

29

Capítulo 5: Ciberataques

En 2021-2022, sobre las ruinas del sistema actual, se establecerá el largamente planeado nuevo sistema totalmente digital, una tecnocracia comunista-fascista

Al igual que en octubre de 2019 se realizó un ejercicio "en vivo" con una pandemia de corona (Evento 201), que se llevó a cabo realmente tres meses después, el Foro Económico Mundial de Klaus Schwab "simulará" un ciberataque masivo en verano. El Cyber Polygon 2021 tendrá lugar el 9 de julio de 2021, y pretende -al igual que con la corona y el Evento 201- establecer un guión detallado para lo que realmente se llevará a cabo algún tiempo después (posiblemente ya en otoño): un "ataque" masivo a la infraestructura digital y energética, que debería poner a Occidente en particular de rodillas de una vez por todas antes del Gran Reset.

La globalización digital ha conectado el mundo tan estrechamente que los individuos malintencionados pueden utilizar los ataques cibernéticos y de piratería informática para causar grandes daños al sistema financiero, los suministros de energía, las empresas y las infraestructuras, advierte el FEM. Toda la sociedad moderna se ha vuelto tan dependiente de esto que unos días sin acceso a los bancos y a los pagos, o peor aún, sin electricidad y agua, serán suficientes para causar un pánico total.

¿Por qué participan los rusos?

30

No está claro a quién se culpará de esta monstruosa operación de falsa bandera. La excusa más obvia es la tan manida "¡los rusos lo hicieron! Pero el mayor banco estatal de Rusia, Sberbank, junto con su división cibernética BIZONE, está participando realmente en el Cyber Polygon 2021.

¿Qué está ocurriendo aquí? ¿Está Rusia quizás en el mismo complot del FEM para poner a Occidente de rodillas de una vez por todas? ¿O están los rusos participando en el Cyber Polygon 2021 porque los altos cargos políticos y militares de Estados Unidos llevan años amenazando abiertamente con un ciberataque a Rusia? Si esa es la verdadera razón, entonces sería inteligente conocer lo más posible los métodos del enemigo para poder armarse contra ellos.

Megacrisis financiera en 2021-2022

Llevamos años advirtiendo de una inevitable megacrisis financiera, porque el sistema bancario occidental -y especialmente el europeo- está técnicamente en quiebra, la carga de la deuda, que sigue creciendo rápidamente, se ha vuelto insostenible, el euro sólo tiene valor sobre el papel, y los años de tipos de interés negativos del BCE han erosionado completamente los ahorros, las pensiones y el poder adquisitivo del euro. Por lo tanto, estamos viviendo "en tiempo prestado", o mejor dicho: tiempo comprado con enormes cantidades de nuevo dinero digital (decenas de miles de millones al mes), lo que sólo ha retrasado el gran golpe (y que, en parte por ello, será mucho más duro, y probablemente será un hecho en 2021-2022).

Dado que esa megacrisis sistémica está ahora muy cerca, los gobiernos, los bancos y los grandes actores financieros necesitan un chivo expiatorio para su planeado ataque de "falsa bandera", que dará al sistema moribundo un golpe final "controlado" antes de que se derrumbe por sí mismo. El desorden causado por el colapso será tan grande y se cobrará tantas víctimas que cientos de millones de personas desesperadas querrán descargar su ira contra los verdaderos culpables, en este caso los mismos gobiernos y bancos, dirigidos por las grandes organizaciones globalistas, con el FEM a la cabeza.

¿Quién será el chivo expiatorio?

Para evitar levantamientos y revoluciones es "necesario" que la población tenga un chivo expiatorio. Tal vez sea otro grupo de hackers rusos, chinos o de Europa del Este. China podría venirle muy bien a Estados Unidos, ya que el Pentágono también está planeando una guerra "caliente" contra ese país en un futuro próximo. También podría mencionarse a Irán y a Corea del Norte, quizás incluso cooperando con China en un nuevo llamado "eje del mal", que entonces habría que contrarrestar "naturalmente".

¿O la enemistad con China es sólo una farsa, destinada a alimentar aún más los temores populares de guerra y otras calamidades? Después de todo, tanto Estados Unidos como la UE están ocupados copiando el sistema de control totalitario chino.

Otra opción es que el ciberataque de falsa bandera sea rastreado hasta Israel, lo que la OTAN y el Consejo de Seguridad de la ONU utilizarán para forzar al país amenazado militarmente a aceptar un "plan de paz" que dividirá el país en dos y hará de Jerusalén una especie de ciudad internacional. Hace más de 10 años mostramos en varios artículos que el Vaticano y la masonería han puesto sus ojos en Jerusalén desde hace mucho tiempo, porque quieren convertirla en el centro de una especie de nueva religión mundial fusionada.

De todos modos, el bulo de la pandemia de la corona ha demostrado de forma inequívoca que no se puede presentar como algo tan descabellado o improbable, o la población occidental asombrosamente desinformada, desinteresada y embriagada lo acepta ciegamente. Ahora se cree todo lo que afirman los gobiernos y los medios de comunicación, "porque lo dijeron en la televisión, y por lo tanto es verdad".

Tecnocracia comunista-fascista en la que incluso tu cuerpo ya no te pertenece

El Gran Reseteo del FEM ha comenzado desde el año pasado a romper y cambiar radicalmente nuestra sociedad. Los últimos restos de libertad, democracia y autodeterminación desaparecerán definitivamente, el dinero en efectivo será sustituido por monedas totalmente digitales, y el nuevo "capitalismo de las partes interesadas" no es más que un sistema combinado comunista-fascista en el que verdaderamente todo será arrebatado a los ciudadanos y a las empresas, incluso el derecho a controlar tu propio cuerpo.

El Estado se convierte esencialmente en el único accionista mayoritario de realmente todos los aspectos de la vida total. Inicialmente, obtendrá un apoyo popular más que suficiente para ello, porque este sistema prevé el advenimiento de una Renta Básica Universal, y el mencionado ciberataque planificado creará tanto caos y miseria, que la gente aceptará cualquier solución sin crítica e incluso con el mayor entusiasmo. ("Ordo ab Chao")

Pero pronto los supervivientes de la crisis mundial que se avecina se encontrarán con que en el nuevo sistema no tendrán absolutamente nada ni voz, ni siquiera sobre sus propios cuerpos. Con una vacuna obligatoria de ARNm tras otra -que posiblemente pronto contenga nano-chips- se convertirán en esclavos digitales diseñados genéticamente, en una especie de androides o cyborgs. Klaus Schwab ha anunciado literalmente escáneres cerebrales obligatorios y chips que permitirán controlar y manipular incluso sus pensamientos, deseos y su voluntad.

El FEM amenaza la supervivencia de la humanidad, por lo que es necesario un verdadero Great Reset

El Foro Económico Mundial se presenta así, sin ambigüedades, como una de las mayores amenazas para la supervivencia de la humanidad. Es bastante concebible que el FEM, con el apoyo de las potencias occidentales, llegue muy lejos, pero al final, sospechamos, esta horrible dictadura antihumana no durará mucho. En su ilimitada arrogancia, creen que pueden controlar y cambiar la naturaleza humana, pero lo que crearán es nada menos que el infierno en la tierra, que se consumirá completamente bajo el peso de su propia malignidad megalómana.

Entonces será finalmente el momento de un verdadero Gran Reajuste, uno que los creyentes dicen que se llevará a cabo "desde lo alto". Ese reino de paz durará toda la eternidad, y ya no dará cabida a figuras como Klaus Schwab, Bill Gates, George Soros y Mark Zuckerberg, ni a la élite bancaria que aún está por encima de ellos, dirigida por la infame familia Rothschild. Esa "Babilonia" habrá sido permanentemente destruida, para nunca más levantarse a aterrorizar a la humanidad.

Capítulo 6: El gran reinicio

El "Great Reset" fue diseñado para prolongar el actual sistema moribundo, pero no funcionará'

Hace años, prestamos atención por primera vez a las sombrías previsiones del sitio privado de inteligencia geopolítica y militar Deagel.com, que se basa en cifras, informes y documentos oficiales de la CIA, el Departamento de Defensa de EE.UU., el Banco Mundial, el FEM, la UE, el FMI, y casi todos los organismos y organizaciones internacionales con autoridad imaginables, entre otros. En el análisis actualizado en septiembre de 2020, en realidad nada parece haber cambiado: en 2025, Occidente sigue en colapso total, aunque la gravedad del golpe varía de un país a otro. Estados Unidos, Gran Bretaña y Alemania sufrirán especialmente, mientras que los Países Bajos y Finlandia serán los menos afectados de Europa. No obstante, Deagel prevé que en nuestro país también desaparecerá alrededor de un millón de personas.

En 2014, Deagel escribió que, como resultado de la impresión ilimitada de dinero y de la deuda, el bloque occidental a ambos lados del océano se habrá derrumbado en 2025. Ese destino sigue siendo inevitable. Además, la crisis de la corona ha demostrado que "el modelo de éxito del mundo occidental está construido sobre sociedades sin resiliencia, que difícilmente pueden tolerar cualquier adversidad, incluso de baja intensidad. Lo suponíamos, y ahora tenemos, sin duda, la plena confirmación de ello".

Gran Reinicio: ampliación temporal de un sistema moribundo

'La crisis de Covid será utilizada para prolongar la vida de este moribundo sistema económico a través del llamado Great Reset, que al igual que el cambio climático, la rebelión de la extinción, la crisis planetaria, la "revolución verde" y los bulos del petróleo de esquisto, está siendo promovido por el sistema.'

Y al igual que con los cierres de la corona y la destrucción deliberada de la industria de la hospitalidad, el turismo y gran parte del sector de las PYMES, todo lo relacionado con el "Gran Reset" tiene como objetivo hacer retroceder bruscamente la economía de consumo para que podamos seguir más o menos en la misma línea durante unos años más. Eso puede ser eficaz durante un tiempo, pero no resolverá el problema de fondo, y sólo pospondrá lo inevitable. La élite gobernante espera mantenerse en el poder, que es en realidad lo único que le importa".

Covid ha demostrado que Occidente ya no puede lidiar con las dificultades

'El colapso del sistema financiero occidental -y, en última instancia, de la civilización occidental- por una confluencia de crisis es el elemento clave del pronóstico, y tiene un resultado devastador. Covid ha

37

demostrado que las sociedades occidentales que han abrazado el multiculturalismo y el liberalismo extremo son incapaces de hacer frente a la adversidad real.'

Como ejemplo llamativo, Deagel cita la pandemia de gripe española de hace un siglo. Se cobró la vida de unos 40-50 millones de personas. Ahora la población mundial es cuatro veces mayor, y si la corona fuera igual de grave, habría matado al menos a entre 160 y 200 millones de personas (dado el globalismo y los intensos viajes en avión, es más probable que sea el doble). Pero el número de muertos (muy probablemente inflado artificialmente) asciende actualmente a 2,9 millones, es decir, sólo el 0,037% de la población mundial, lo que es comparable a una leve ola de gripe estacional.

Los estados más prósperos pagarán el precio más alto

Es muy probable que la crisis económica resultante de los cierres provoque más muertes que el virus en todo el mundo", afirma Deagel. La cruda realidad de las sociedades occidentales diversas y multiculturales es que un colapso -dependiendo de varios factores- se cobrará entre el 50% y el 80% (de la población). En general, los estados de bienestar más diversos, multiculturales y endeudados (con los niveles de vida más altos) pagarán el precio más alto".

Lo único que todavía mantiene unida nuestra anormal y errante sociedad occidental como "pegamento" es el "consumo excesivo, con altas dosis de degeneración ilimitada empaquetada como virtud". A pesar de la censura generalizada, las "leyes del odio" y las señales contradictorias muestran que incluso este pegamento ya no funciona. Pero no todos tienen que morir; la migración también puede desempeñar un papel positivo en este sentido".

Los analistas prevén que los países del segundo y tercer mundo que se aferran al "viejo orden mundial" se hundirán con Occidente. Pero como estos países son más pobres, el golpe será mucho menos duro. Además, suelen ser sociedades todavía homogéneas (cohesionadas), históricamente mucho más resistentes a una gran crisis sistémica u otra calamidad. Los países que se vuelvan hacia China son los que tienen más posibilidades de volver a estabilizarse rápidamente.

Ahora que la UE ha rechazado durante años cualquier acercamiento con Rusia e incluso ha empezado a presentarla como un enemigo, Rusia y China han empezado a formar una alianza estratégica económica y militar (que sustituirá a Occidente y formará el verdadero Nuevo Orden Mundial). Al contrario de lo que se afirma en Occidente, no sólo Rusia, sino también China, está ya muy por delante de Estados Unidos y Europa (/ OTAN) en cuanto a tecnología militar en muchos ámbitos.

Una nueva gran guerra (mundial) se considera incluso "el acontecimiento importante más probable" en estos

20 años. El primer escenario es una guerra convencional (como la que está a punto de estallar en Ucrania) que se convierte en una guerra nuclear. El segundo escenario se sitúa entre 2025 y 2030, y supone un abrumador ataque sorpresa ruso contra Occidente. Para consternación de la élite militar occidental, los rusos demostraron en Siria en 2015 que son capaces de llevar a cabo un ataque de este tipo a la perfección a una distancia de más de 2.000 kilómetros.

La ironía es que, desde el final de la Guerra Fría, EE.UU. ha puesto a la OTAN en posición de llevar a cabo ese "primer ataque" a Rusia, y ahora parece que ese primer ataque sí se va a producir, pero el país que va a ser rematado es EE.UU.".

Los occidentales tienen el cerebro lavado y son arrogantes

Otra peculiaridad del sistema occidental es que a sus súbditos se les ha lavado el cerebro hasta el punto de que la mayoría ha llegado a dar por sentada su supremacía moral y su ventaja tecnológica. Esto ha allanado el camino para la supremacía de los argumentos emocionales sobre los racionales, que son ignorados o menospreciados *(esto es ahora cierto en TODOS los ámbitos, ya sea el clima, la energía, la inmigración, la economía, Rusia o la corona)*. Esta mentalidad puede desempeñar un papel clave en los próximos acontecimientos catastróficos".

Al menos, la mayoría silenciosa de la población de la antigua Unión Soviética seguía siendo consciente de sus defectos, de los que, en su día, se desprendieron. Sin embargo, los occidentales, y desde luego los estadounidenses, se consideran a sí mismos sólo tremendamente inteligentes y muy por encima del resto. Ahora Estados Unidos y Europa afirman que Rusia y China les están robando todo tipo de tecnologías, "lo que demuestra que ahora la élite occidental también está infectada de esta arrogancia". En la próxima década quedará claro que Occidente va por detrás del bloque Rusia-China, tras lo cual el malestar (en Occidente) puede convertirse en desesperación".

Empezar una guerra parece una solución rápida y fácil para recuperar la supremacía perdida. En 1940, Francia no tenía armas nucleares para convertir la derrota en victoria. Occidente podría intentarlo ahora, por la desagradable perspectiva de que seremos 'el tirano y su sucia puta' (*una descripción muy acertada de EE.UU. y Europa*) que huirán temerosos mientras el resto del mundo se ríe de ellos".

Si no hay un cambio drástico de rumbo, el mundo será definitivamente testigo de la primera guerra nuclear. El colapso del bloque occidental puede ocurrir antes, durante o después de esa guerra. No importa. Una guerra nuclear es una apuesta con miles de millones de víctimas, y durante el colapso el número será de cientos de millones".

Rusia sube a la cima

Los dos únicos países de Europa en los que el golpe será menos duro son los Países Bajos y Finlandia. En los Países Bajos, la población disminuye en cerca de un millón de personas, hasta los 16 millones (-6%), y el poder adquisitivo se sitúa en 47.451 dólares, sólo un 7% menos que los 51.200 dólares actuales. Finlandia lo hace aún mejor, con un descenso de la población del 5% y del poder adquisitivo del 1%.

El país con mayor crecimiento de la riqueza es Rusia, donde los residentes verán aumentar su poder adquisitivo en un enorme 63%, hasta los 43.557 dólares. Esto sitúa a Rusia en el 5º lugar, por detrás de Brunei, Qatar, Singapur y los Países Bajos. China, con un 48º puesto en la lista y un poder adquisitivo de sólo 17.843 dólares, sale sorprendentemente peor parada de lo que cabría esperar.

Dado el enorme entusiasmo de los neoliberales europeos (a la vista de sus políticas, el término neomarxistas es más apropiado) por el Gran Reajuste y el superestado de la UE, me temo que las expectativas, comparativamente aún razonables, de los europeos pueden resultar equivocadas. No obstante, hay signos alentadores en nuestra sociedad de una creciente resistencia a los políticos sistémicos de Bruselas, de los que cada vez está más claro que sólo se preocupan por promover sus propios intereses a expensas del bienestar, la prosperidad y el futuro de nuestro pueblo.

Capítulo 7: El siguiente paso

El miedo a la muerte sembrado deliberadamente por un virus respiratorio común parece haber convertido a innumerables personas en zombis totalmente sumisos y descerebrados desde el año pasado.

Según un estudio sobre las vacunas de ARNm de Covid publicado por el Instituto de Microbiología Humana, ahora parece que esto puede estar ocurriendo literalmente. En efecto, las vacunas que utilizan ARNm para codificar la proteína Spike del SARS-CoV-2 original en su propio cuerpo parecen ser capaces de provocar trastornos neurológicos muy graves, como la ELA, la enfermedad de Creutzfeld-Jakob (también conocida como "enfermedad de las vacas locas") y la enfermedad de Alzheimer. La enfermedad de Creutzfeld-Jakob (ECJ) es 100% mortal.

El ARNm de las vacunas de Pfizer, AstraZeneca y Moderna "secuestra" las células del cuerpo de una manera bastante aleatoria, y luego las incita a producir la proteína Spike del coronavirus. Por lo tanto, estas "vacunas" no son en realidad vacunas, sino terapia génica, o manipulación genética del cuerpo humano.

El monstruosamente caro "Green Deal" plantea enormes riesgos para la prosperidad, la economía y la democracia, según DB. Esos riesgos deberían ser contados honestamente a la gente, y no ocultados, como está ocurriendo ahora. Al menos eso es lo que escribe Eric Heymann, economista senior de Deutsche Bank Research.

Los priones causan la ELA, la enfermedad de Creutzfeld-Jakob y el Alzheimer

La proteína Spike contiene "regiones similares a las de los priones" que le permiten unirse especialmente bien a los receptores ACE2 humanos. Los priones son partículas infecciosas proteicas que son la causa de varias enfermedades cerebrales mortales tanto en humanos como en animales.

Si el sistema inmunitario humano ataca las secuencias de ARNm de la vacuna antes de que llegue a su destino, pueden liberarse priones en el organismo, advierte el autor del estudio, el doctor J. Bart Classen, de Classen Immunotherapies Inc. en Manchester (Reino Unido). Los priones pueden afectar a la proteína de unión al ADN TDP-43 y al gen FUS (que da instrucciones al organismo para fabricar proteínas). Se ha establecido científicamente que este proceso causa las temibles enfermedades ELA, Creutzfeld-Jakob y Alzheimer, así como otros trastornos neurológicos graves.

El ARNm de las vacunas de Pfizer, AstraZeneca y Moderna "secuestra" las células de su cuerpo de una manera bastante aleatoria, y luego las incita a producir la proteína Spike del coronavirus. Por lo tanto, estas "vacunas" no son en realidad vacunas, sino terapia génica, o manipulación genética del cuerpo humano.

**Los priones causan la ELA, la enfermedad de
Creutzfeld-Jakob y el Alzheimer**

La proteína Spike contiene "regiones similares a las de
los priones" que le permiten unirse especialmente bien
a los receptores ACE2 humanos. Los priones son
partículas infecciosas proteicas que son la causa de
varias enfermedades cerebrales mortales tanto en
humanos como en animales.

Si el sistema inmunitario humano ataca las secuencias
de ARNm de la vacuna antes de que llegue a su destino,
pueden liberarse priones en el organismo, advierte el
autor del estudio, el doctor J. Bart Classen, de Classen
Immunotherapies Inc. en Manchester (Reino Unido).
Los priones pueden afectar a la proteína de unión al
ADN TDP-43 y al gen FUS (que da instrucciones al
organismo para fabricar proteínas). Se ha establecido
científicamente que este proceso causa las temibles
enfermedades ELA, Creutzfeld-Jakob y Alzheimer, así
como otros trastornos neurológicos graves.

**¿Espera el mundo (decenas de) millones de pacientes
neurológicos graves?**

La enfermedad de Creutzfeld-Jakob (enfermedad de las
vacas locas) es 100% mortal. La enfermedad es
irreversible y no tiene tratamiento. Los síntomas
coinciden con las hemorragias cerebrales, y se
manifiestan como confusión, dificultad para hablar,

movimientos corporales extraños, cambios emocionales y de personalidad, y una gran pérdida de la función cognitiva, que termina con la muerte, entre otros. Una vez que los priones están activos y empiezan a causar estos síntomas, es demasiado tarde.

Por lo tanto, existe el peligro de que las vacunas de ARNm de la corona provoquen una ola sin precedentes de enfermedades neurológicas graves en los próximos años. En millones o incluso decenas de millones de personas, el cerebro puede ser lentamente "comido" por los priones*, causando demencia, incapacidad para funcionar y, finalmente, incapacidad para pensar. Sin mencionar que, mientras tanto, sufrirán cada vez más.

Vaccinzombies

Como llevamos escribiendo desde hace casi un año, casi todas las enfermedades, dolencias y muertes inducidas por las vacunas se atribuirán automáticamente a mutaciones, nuevos virus o "casualidades" para las que la industria farmacéutica ha desarrollado una nueva vacuna. Nunca oirás o leerás esto en los principales medios de comunicación de noticias falsas; sólo citan a "nosotros, los científicos y los "expertos" que - a pesar de la miseria creada - seguirán afirmando que estas vacunas son "perfectamente seguras". Así que, Baghdad Bob en repetición, sólo que a nivel mundial con muchas copias.

La CNBC ya informó de que 1 de cada 3 "supervivientes" del Covid sufre un trastorno mental o psicológico, como demencia, depresión o trastornos de ansiedad. ¿Esto está realmente causado por un virus respiratorio ordinario, o "secretamente" por las vacunas? En Canadá ya ha aparecido una misteriosa enfermedad que daña el cerebro y cuyos síntomas son sospechosamente parecidos a los trastornos inducidos por los priones mencionados anteriormente (pérdida de memoria, alucinaciones, atrofia muscular). Los médicos dicen que no se trata de Creutzfeld-Jakob, pero aún no han encontrado otra causa.

¿Se convertirá la exitosa serie de terror "The Walking Dead" en una realidad ligeramente diferente en los próximos años, cuando el mundo se vea invadido por "zombis vacunados"? Dada la oleada de efectos secundarios graves y muertes que ya se están produciendo, esto ya no parece pura fantasía.

Así que, si todavía estás planeando ir a una campaña de vacunación...

Por su salud!

Capítulo 8: De un modo u otro

'Realiza el mayor número de tareas posibles sin mascarilla bucal, y evita el esfuerzo físico si la llevas'

El hecho de que los protectores bucales son inútiles y pueden causar importantes daños a la salud está ya ampliamente demostrado. Lo que no se sabía aún es que el uso frecuente de protectores bucales puede provocar daños en los ojos. Al menos eso es lo que ha descubierto un equipo de científicos chinos. Su estudio se publicó en marzo de 2021 en la revista científica Translational Vision Science & Technology.

Otra revista, The Review of Optometry, publicó un resumen de este estudio. Científicos chinos investigaron los efectos del uso de protectores bucales durante actividades físicamente extenuantes. A 23 adultos jóvenes sanos se les dio diferentes tipos de protectores bucales para que los llevaran durante una prueba de carrera. La velocidad se incrementó gradualmente hasta que alcanzaron una frecuencia cardíaca de 190 lpm.

Los participantes se dividieron en tres grupos: sin protector bucal, con un protector bucal médico (el conocido azul) y con un protector bucal N95. Antes y después de la prueba, se realizó una exploración de los nervios ópticos y los vasos de la retina del ojo.

Incluso antes de la prueba, se descubrió que los usuarios de N95 tenían una densidad de vasos sanguíneos significativamente reducida en comparación con los que no llevaban protector bucal.

Posibles daños en la retina, disminución del rendimiento, disnea, baja saturación de oxígeno

Posteriormente, se comprobó que ambos grupos de portadores de protectores bucales habían corrido durante menos tiempo y que la saturación de oxígeno en su sangre se había reducido drásticamente, al igual que la densidad vascular en sus retinas.

Los científicos descubrieron que el protector bucal N95, en particular, provoca este efecto incluso en estado de reposo, lo que podría tener posibles daños en la retina y otras implicaciones clínicas para los trabajadores sanitarios y otras profesiones que deben llevar protectores bucales durante largos periodos de tiempo cada día.

Todos los voluntarios que llevaban protectores bucales alcanzaron la frecuencia cardíaca máxima de 190 lpm mucho más rápido y tenían una saturación de oxígeno en sangre significativamente menor que los que no los llevaban. Una prueba de marcha anterior ya había demostrado que llevar los tapones bucales médicos (azules) provoca disnea (falta de aire) en 6 minutos.

Consejo: llevar la menor protección bucal posible

La conclusión es que los protectores bucales retrasan el retorno a una frecuencia cardíaca normal después del ejercicio, reducen el rendimiento durante los ejercicios y los deportes, hacen que los usuarios estén menos atentos a las lesiones y provocan hipoxemia (nivel anormalmente bajo de oxígeno en la sangre). Por ello, los científicos aconsejan a todo el mundo que realice el mayor número posible de tareas sin protectores bucales y que evite el esfuerzo físico mientras lleva puestos los protectores bucales.

Efecto nulo, el supuesto efecto ya ha desaparecido después de 10-15 minutos

Un artículo del Washington Post admitió que el uso de protectores bucales durante la pandemia de gripe española de hace más de un siglo no tuvo ningún efecto. Estudios recientes sobre los protectores bucales en Dinamarca y EE.UU., los más amplios realizados hasta la fecha, también concluyeron que el efecto de los protectores bucales es nulo en el mejor de los casos, y sólo da a los usuarios una (falsa) sensación de seguridad.

En cualquier caso, ya se ha comprobado que los gorros N95 se saturan con la humedad del aliento después de un máximo de 20 minutos, y los gorros azules después de sólo 10-15 minutos, por lo que pierden completamente su supuesto efecto.

Profesor alemán: Los protectores bucales pueden reforzar las infecciones

El autorizado profesor de patología alemán Dr. Arne Burkhardt explicó en un informe de 50 páginas los efectos devastadores del uso de protectores bucales en nuestra salud, por lo que no contrarresta la llamada "pandemia" sino que parece perpetuarla.

Burkhardt advirtió que el uso prolongado de protectores bucales es muy perjudicial para la piel de la cara, las vías respiratorias, los pulmones y el organismo humano en general, y puede provocar numerosas enfermedades y trastornos. También está demostrado que los protectores bucales favorecen las infecciones víricas, bacterianas y fúngicas, y que las personas pueden llegar a infectarse a través de ellos.

Recientemente, el Ministerio de Sanidad de Canadá y el gobierno provincial de Quebec han aconsejado a las escuelas que dejen de usar y distribuir inmediatamente los protectores bucales médicos (azules) porque contienen partículas microscópicas de grafeno que pueden entrar en los pulmones y causar graves daños, al igual que el amianto.

Capítulo 9: La tiranía de las vacunas

Sin vacuna, no hay trabajo: Los empresarios podrían empezar a exigir la vacunación a sus empleados

El Tribunal Europeo de Derechos Humanos (TEDH) ha dictaminado que las vacunas obligatorias son legales. Esta impactante e indignante decisión destruye la integridad de tu propio cuerpo y allana el camino para la mayor violación de los derechos humanos jamás vista, la vacunación obligatoria de la corona. Subraya que también el sistema judicial europeo está podrido y corrupto, y sólo sirve a los intereses de las multinacionales farmacéuticas y tecnológicas, además de, por supuesto, los políticos que han sido sobornados o comprados por ellas.

La decisión de los "jueces" se produjo a raíz de la denuncia de un grupo de familias checas que habían sido multadas y cuyos hijos no podían acudir a las guarderías por no haber sido vacunados obligatoriamente contra nueve enfermedades (entre ellas la difteria, el tétanos, la tos ferina, la hepatitis B y el sarampión).

Según los padres, la obligación va en contra del artículo 8 sobre el derecho al respeto de la vida personal, pero el Tribunal no está de acuerdo, afirmando que las vacunas son "en el interés superior" de los niños para que "todos los niños estén protegidos contra enfermedades graves mediante vacunas o inmunidad de grupo".

Vía libre para las vacunas obligatorias y los pasaportes corona

La vacunación obligatoria puede considerarse necesaria en una sociedad democrática", afirman los jueces europeos. Aunque esta sentencia no se refería directamente a Covid, en un futuro muy próximo podría tener consecuencias de gran alcance para todos los ciudadanos. Además de la vacunación obligatoria, también abre el camino a la obligatoriedad de los pasaportes vacunales, que serán necesarios para acceder a la restauración y a los eventos, y más adelante también a los organismos, instituciones y empresas (sin vacuna = sin trabajo).

De hecho, según el experto en derecho del CEDH Nicolas Hervieu, la decisión ratifica los esfuerzos de los políticos europeos por hacer obligatoria la vacunación Covid. (Para los defensores empedernidos de las vacunas, léase, por ejemplo, 13-09: El gigante farmacéutico Pfizer culpa a los antivacunas si las vacunas no consiguen frenar la corona (/ Los defensores de las vacunas utilizan una lógica retorcida y contradictoria para obligar a los demás a vacunarse también: "Pero el sarampión, la tos ferina y la poliomielitis prácticamente han desaparecido gracias a las vacunas, ¿no es así?").

53

El sistema de "la bestia", un paso más cerca

Basta con concluir este mensaje una vez más con la conocida profecía bíblica en la que (basada en el texto fuente) se describe exactamente lo que se hará en los próximos años y a dónde conducirá, si no hay suficientes personas dispuestas a hacer todo lo posible para detener la llegada de este sistema profundamente antihumano y diabólico.

AstraZeneca ha cambiado el nombre de su vacuna de "chimpancé" genéticamente modificada a Vaxzevria, posiblemente para desviar la atención del hecho de que personas de todo el mundo siguen muriendo tras ser inyectadas con esta sustancia altamente experimental y patentemente peligrosa. El prospecto de la vacuna AZ/Vaxzevria es ya tan aterrador que es impensable que personas con una mente medianamente funcional se inyecten alguna vez con ella. A pesar de ello, la administración de esta vacuna en Europa, que en mi opinión personal equivale a un crimen potencialmente grave contra la humanidad, sólo se ha suspendido temporalmente.

Augusta Turiaco, de 55 años, y Cinzia Pennino, de 46, pueden añadirse a la lista cada vez mayor de víctimas mortales de la vacuna de la corona. Ambas profesoras enfermaron mortalmente a los pocos días de ser inyectadas con la vacuna AZ, se descubrió que habían desarrollado coágulos de sangre y murieron en una o dos semanas. A pesar de ello, las autoridades afirmaron que no había "ninguna conexión" con la vacuna.

Una joven alemana muere tras recibir una vacuna y un político dice que está "en el ajo

La psicóloga alemana Dana Ottman, de 32 años, enfermó de muerte inmediatamente después de vacunarse contra la AZ. Menos de dos semanas después, su madre la encontró muerta en la cama. La causa de la muerte: una hemorragia cerebral masiva. Un médico dice por detrás de su mano que lo más probable es que la vacuna sea la causa. Luego escucha a un político del SPD en la televisión declarar de forma escalofriante que "tenemos que aguantar a "las pocas personas" que mueren por las vacunas". Es fácil decirlo, si no es tu propia hija u otro ser querido.

Sin embargo, Alemania decidió no utilizar la vacuna por el momento para las personas de hasta 60 años. Poco después, Europa suspendió mayoritariamente la administración de la AZ para todo el mundo, pero sólo temporalmente por ahora. Ahora que se le ha puesto un nuevo nombre, Vaxzevria, es probable que la vacunación se reanude pronto con normalidad. Después de todo, el ministro De Jonge le ha puesto su nombre y su reputación, y ha invertido cientos de millones de dinero del gobierno en ello.

'Adenovirus de chimpancé modificado genéticamente y cultivado en células embrionarias humanas'

Sin embargo, un vistazo al prospecto de esta vacuna debería hacer que cualquier persona bien pensante se estremeciera de horror: "Contiene un adenovirus derivado de chimpancés y modificado genéticamente cultivado en células de riñón embrionario humano. Este producto contiene organismos genéticamente alterados (OVG)" ("Una dosis (0,5 ml) contiene no menos de 250 millones de unidades infecciosas de adenovirus de chimpancé, que codifica la glicoproteína de espiga del SARS-CoV-2 ChAdOx1-S." - página 2 y página.19).

A pesar de ello, los medios de comunicación y los políticos siguen insistiendo en que la ingeniería genética y las "células abortivas" humanas son una "teoría de la conspiración", cuando está señalado en blanco y negro en la propia documentación de los fabricantes. (Como ya hemos demostrado con respecto a la vacuna de Pfizer.) Lo que no se describe es que el ADN extraño del adenovirus del 'mono' puede ser visto como extraño por nuestro sistema inmunológico, lo que puede causar graves reacciones autoinmunes a largo plazo, incluso años después de la administración.

Diferencia apenas perceptible en las fases de prueba

El folleto afirma además que en la fase de prueba la diferencia entre el grupo vacunado y el grupo de control, ambos con más de 5000 personas, es extremadamente pequeña. De los 5258 vacunados, 64 personas (1,2%) siguieron recibiendo Covid-19, y de los 5210 del grupo de control, 154 (3,0%). La eficacia fue de una media del 59,5% entre 4 y 12 semanas. De hecho, la diferencia entre los participantes de 56 a 65 años fue de una sola persona (8 personas en el grupo Vaxzevria y 9 en el grupo de control recibieron Covid-19).

Tenga en cuenta que también son pruebas realizadas por el fabricante "el carnicero inspeccionando su propia carne". Las personas que ya han tenido la corona, o que sufren de una variedad de condiciones graves (cardiovasculares, intestinales, hepáticas, renales, endocrinas/metabólicas, neurológicas) NO fueron probadas, pero en la práctica están bien vacunadas. Luego dejamos de lado el hecho establecido de que las pruebas de PCR utilizadas producen entre un 90% y un 98% de falsos positivos.

NO se han estudiado los efectos en personas frágiles y embarazadas

En el prospecto se indica que, efectivamente, se han producido "algunos casos" de muerte por trombosis, por lo que los médicos deben prestar atención a si estos síntomas se producen después de la vacunación. Eficacia en personas con sistemas inmunitarios debilitados (es decir, la mayoría de los ancianos y enfermos crónicos): NO se ha estudiado.

¿Efectos en las mujeres embarazadas? NO se conocen, incluso los estudios en animales con esto no han sido completados. Sin embargo, "no se esperan efectos sobre el desarrollo del feto". Sin embargo, las mujeres embarazadas sólo deben ser vacunadas "si el beneficio potencial supera los posibles riesgos para la madre y el feto". Tampoco se sabe si Vaxzevria pasa a la leche materna, ni si hay efectos sobre la fertilidad. Una vez más, no se ha completado la experimentación en animales (pero bien puede servir de conejillo de indias).

El Imperio afirma que las vacunas son "probadas y seguras", pero el propio fabricante está mucho menos seguro, como demuestra la explicación (pg.7) de la codificación genética de la vacuna de la proteína Spike del virus SARS-CoV-2, que "puede contribuir a la protección contra Covid-19". (negrita añadida) Y si la vacuna se derrama accidentalmente, debe desinfectarse con un agente contra los (adeno)virus. Así que: ¿posiblemente perjudicial cuando se toca, pero no perjudicial cuando se inyecta EN el cuerpo?

No es necesario demostrar la eficacia y seguridad en los ancianos durante 3 años

¿Duración de la protección que proporcionaría la vacuna? No se conoce. ¿Interacción con otros medicamentos? NO se ha estudiado. ¿Es realmente una vacuna segura y funciona realmente contra el Covid-19? No se sabe hasta 12 meses después de la vacunación.

Sin embargo, los gobiernos no quisieron esperar a eso, y comenzaron a vacunar a la población poco después de concluir las fases de prueba.

No será hasta el 31 de mayo de 2022 cuando haya que demostrar definitivamente la eficacia, estabilidad y seguridad de esta vacuna. Para los ancianos y los enfermos crónicos, no será hasta el 31 de marzo de 2024, es decir, dentro de TRES AÑOS (pág. 16). Para entonces, casi toda la población mundial habrá sido vacunada. Teniendo en cuenta lo anterior, podríamos estar justificados al preguntarnos cuántos ancianos habrán sobrevivido a estas vacunas para entonces. Porque realmente lo dice, en blanco y negro: sólo dentro de tres años habrá que demostrar definitivamente la eficacia y la seguridad de esta vacuna. (pp.15-16)

¿Quién se atreve aún a afirmar que no se trata de un experimento médico masivo sin precedentes que implica a toda la población mundial y cuyas consecuencias, según un gran número de científicos, médicos y otros expertos, podrían ser terribles?

¿Qué pasa con toda esta gente?

¿Qué pasa con todos esos crédulos, que todavía se arremangan para esto? ¿Y con toda esa gente que manipula las jeringuillas, condenando así a algunas personas a una trombosis, una hemorragia cerebral, una enfermedad crónica (autoinmune) o incluso a la muerte?

¿Con las autoridades, los directores y los políticos que lo encargan, pero que mientras tanto han rechazado de antemano cualquier responsabilidad en caso de que las cosas vayan completamente mal con SU salud, y quizás incluso con su vida?

Para la respuesta, volveré a referirme brevemente a los anales de los años 30 y 40. ESO es lo que está pasando con toda esta gente. Se han apoderado de nuevo del mismo espíritu oscuro, adormecedor y terrorífico del miedo total, la ceguera, la obediencia absoluta y el descerebramiento colectivo, que una vez más parece estar preparando el camino para crímenes antihumanos indecibles con un número potencialmente incontable de víctimas.

No hemos aprendido NADA de la historia, ni siquiera de la reciente.

Nuestros otros libros

Consulte nuestros otros libros para ver otras noticias no divulgadas, hechos expuestos y verdades desacreditadas, y mucho más.

Únase al exclusivo Círculo de Medios de Comunicación de Rebel Press.

Todos los viernes recibirás en tu bandeja de entrada nuevas actualizaciones sobre la realidad no denunciada.

Inscríbase hoy aquí:

https://campsite.bio/rebelpressmedia

www.ingramcontent.com/pod-product-compliance
Lightning Source LLC
LaVergne TN
LVHW021242200726
843509LV00012B/1575